Impressum
Verlag: BABADADA GmbH, Nedderfeld 112 , 22529 Hamburg
Geschäftsführer / Verlagsleitung: Harald Hof
Druck: Books on Demand GmbH, In de Tarpen 42, 22848 Norderstedt

Imprint
Publisher: BABADADA GmbH, Nedderfeld 112 , 22529 Hamburg, Germany
Managing Director / Publishing direction: Harald Hof
Print: Books on Demand GmbH, In de Tarpen 42, 22848 Norderstedt, Germany

1

المدرسة
škola

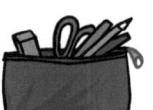

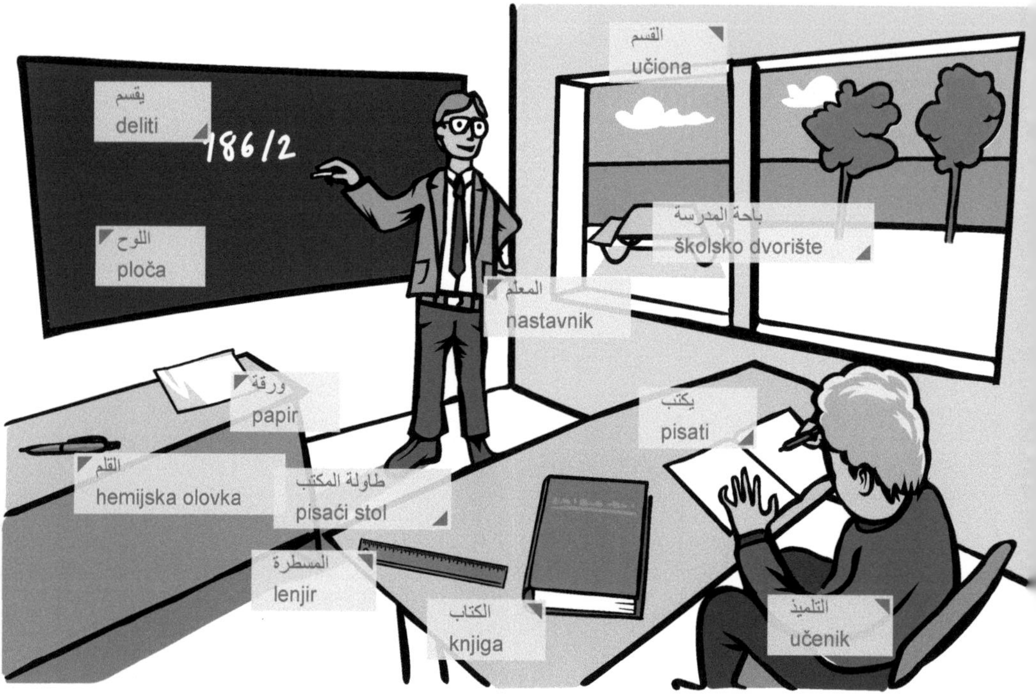
القسم
učiona
يقسم
deliti
186/2
اللوح
ploča
باحة المدرسة
školsko dvorište
المعلم
nastavnik
ورقة
papir
يكتب
pisati
القلم
hemijska olovka
طاولة المكتب
pisaći stol
المسطرة
lenjir
الكتاب
knjiga
التلميذ
učenik

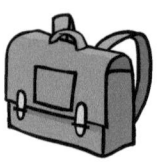

الحقيبة المدرسية
....
torba

المقلمة
....
pernica

قلم الرصاص
....
grafitna olovka

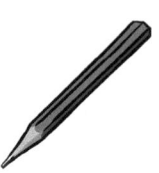

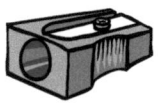

البرّاية
....
šiljilo za olovke

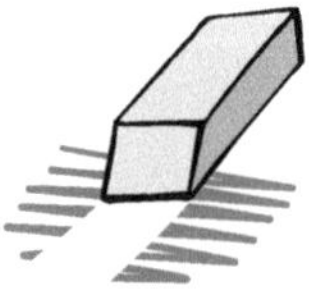
المِمحاة
....
gumica za brisanje

دفتر الرسم
....
blok za crtanje

الرسمة

crtež

الفرشاة

kist

علبة التلوين

kutija sa bojama

المقص

makaze

المادة اللاصقة

lepilo

دفتر التمارين

beležnica

الواجب المدرسي

domaći zadatak

12

الرقم

broj

2+2

يجمع

sabirati

5-2

يطرح

oduzimati

2×2

يضرب

množiti

يحسب

računati

A

الحرف

slovo

ABCDEFG HIJKLMN OPQRSTU VWXYZ

الأبجدية

abeceda

hello

كلمة

reč

النص

tekst

يقرأ

čitati

الطبشور

kreda

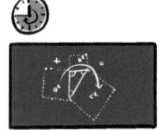

الحصة

čas

دفتر الدوام المدرسي

dnevnik

الامتحان

ispit

شهادة

svedočanstvo

اللباس المدرسي

školska uniforma

التعليم

obrazovanje

الموسوعة

leksikon

الجامعة

univerzitet

المجهر

mikroskop

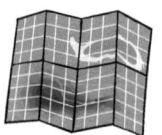

الخريطة

karta

قماما

košara za papir

سفر

putovanje

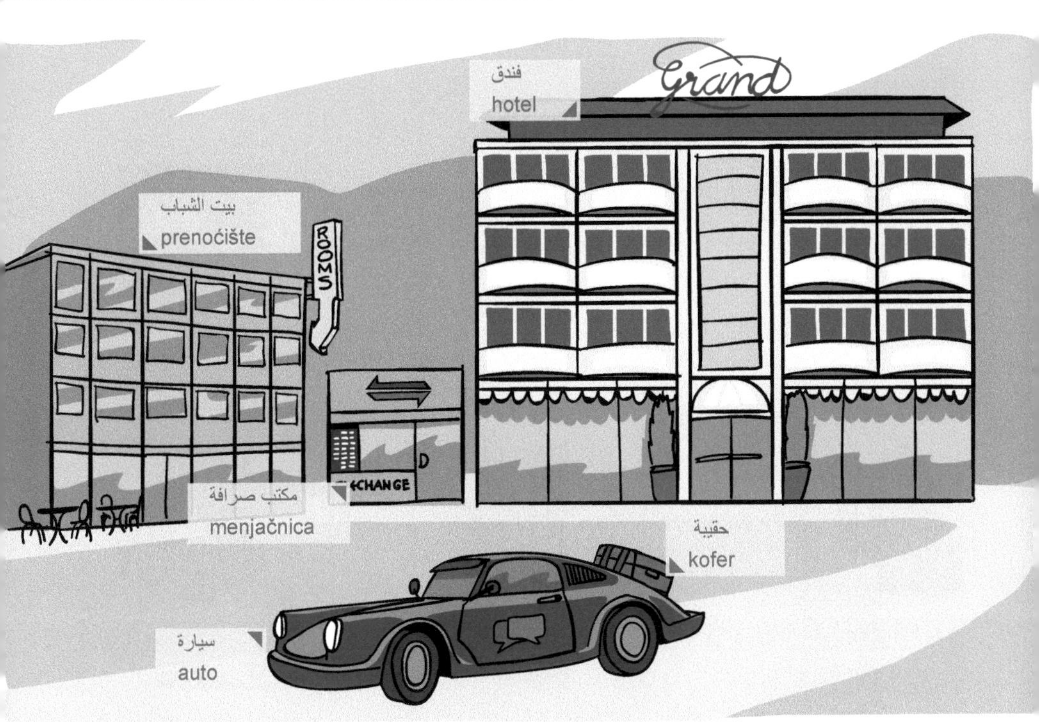

فندق
hotel
Grand
بيت الشباب
prenoćište
ROOMS
مكتب صرافة
menjačnica
حقيبة
kofer
سيارة
auto

اللغة

jezik

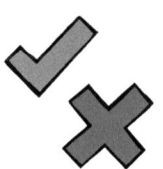

نعم / لا

da / ne

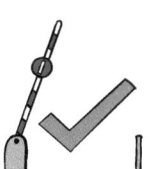

حسناً

okej

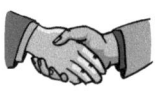

مرحباً

zdravo

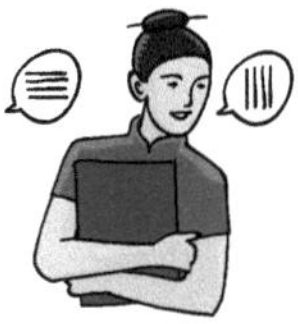

مترجم

prevodilac

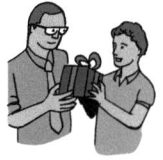

شكراً

hvala

كم ثمن ... ؟

Koliko košta...?

لا أفهم

ne razumem

مشكلة

problem

مساء الخير

dobro veče!

صباح الخير!

Dobro jutro!

ليلة سعيدة

Laku noć!

إلى اللقاء

doviđenja

اتجاه

smer

أمتعة السفر

prtljaga

حقيبة

torba

حقيبة ظهر

ruksak

ضيف

gost

غرفة

soba

كيس للنوم

vreća za spavanje

خيمة

šator

استعلامات سياحية

turističke informacije

شاطئ

plaža

بطاقة انتمان

kreditna kartica

إفطار

doručak

طعام الغداء

ručak

العشاء

večera

بطاقة سفر

karta za vožnju

مصعد

lift

طابع بريدي

poštanska markica

حدود

granica

الجمارك

carina

سفارة

ambasada

تأشيرة

viza

جواز سفر

pasoš

transport

طائرة
avion

سفينة
brod

سيارة إطفاء
vatrogasno vozilo

حافلة
autobus

سيارة شاحنة
teretno vozilo

زورق آلي
motorni čamac

دراجة
bicikl

سيارة
auto

عبارة
trajekt

قارب
čamac

دراجة نارية
motocikl

سيارة شرطة
policijski auto

سيارة سباق
trkaći auto

سيارة مستأجرة
iznajmljeno auto

أسلوب تشاركي في استئجار السيارات

delenje automobila

سيارة للجر

vučno vozilo

سيارة نقل القمامة

vozilo za odvoz smeća

محرك

motor

وقود

benzin

محطة وقود

benzinska stanica

إشارة مرور

saobraćajni znak

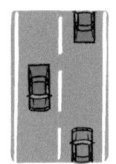

حركة السير

saobraćaj

ازدحام سير

zastoj

موقف سيارات

parkiralište

محطة قطار

železnička stanica

سكك حديدية

šine

قطار

voz

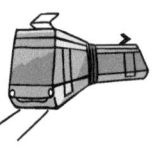

ترام

tramvaj

عربة قطار

vagon

طائرة مروحية

helikopter

مطار

aerodrom

برج

kula

مسافر

putnik

حاوية

kontejner

علبة كرتون

karton

عربة يد

kolica

سلّة

korpa

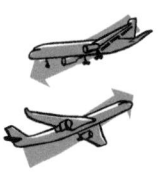

يقلع / يهبط

uzleteti / sleteti

مدينة

grad

قرية

selo

مركز المدينة

centar grada

بيت

kuća

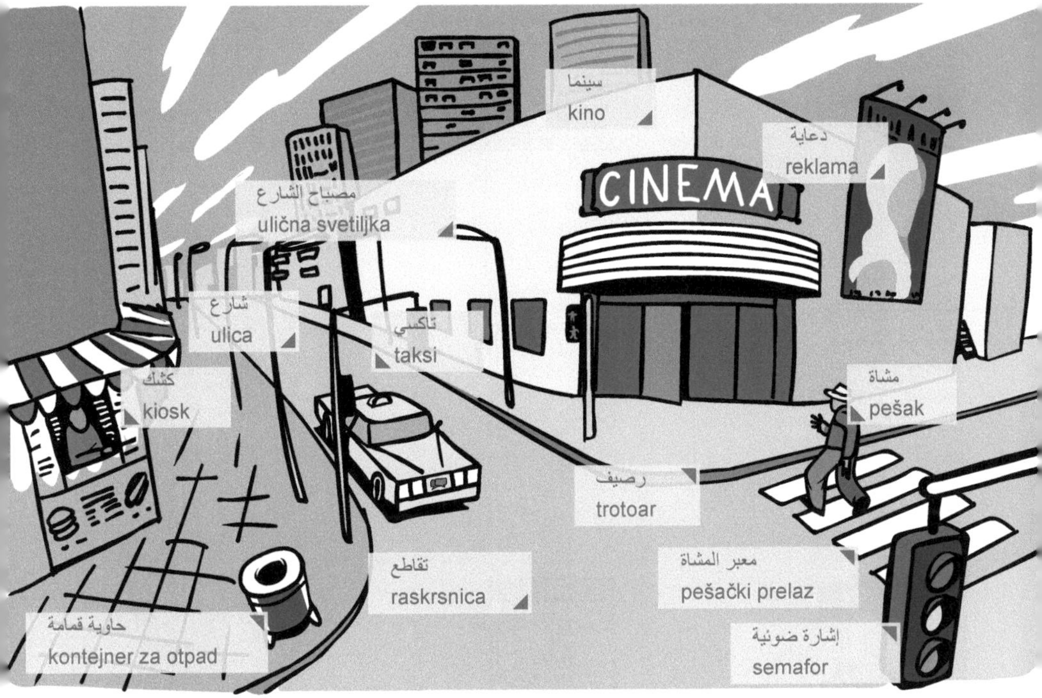

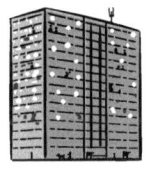

سينما
kino
دعاية
reklama
CINEMA
مصباح الشارع
ulična svetiljka
شارع
ulica
تاكسي
taksi
كشك
kiosk
مشاة
pešak
رصيف
trotoar
تقاطع
raskrsnica
معبر المشاة
pešački prelaz
حاوية قمامة
kontejner za otpad
إشارة ضوئية
semafor

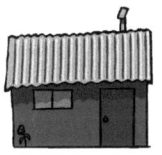

كوخ
....
koliba

شقة
....
stan

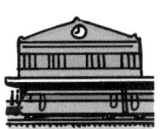

محطة قطار
....
železnička stanica

دار البلدية
....
većnica

MUSEUM

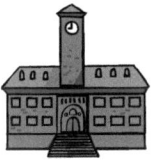

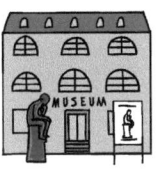

متحف
....
muzej

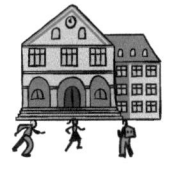

المدرسة
....
škola

الجامعة

univerzitet

مصرف

banka

المستشفى

bolnica

فندق

hotel

صيدلية

apoteka

مكتب

kancelarija

مكتبة

knjižara

متجر

prodavnica

محل لبيع الزهور

cvećara

سوبرماركت

supermarket

سوق

trg

متجر كبير

robna kuća

تاجر السمك

ribarnica

مركز تسوّق

trgovački centar

ميناء

luka

حديقة عامة

park

مقعد

klupa

جسر

most

درج، سلم

stepenice

مترو

podzemna železnica

نفق

tunel

موقف حافلات

autobuska stanica

بار

bar

مطعم

restoran

صندوق البريد

poštansko sanduče

لافتة باسم الشارع

ulični znak

مقياس زمن الوقوف

parkirni automat

حديقة حيوانات

zoološki vrt

مسبح

bazen

مسجد

džamija

مزرعة

seosko gazdinstvo

تلوث البيئة

zagađenje okoline

مقبرة

groblje

كنيسة

crkva

ملعب الأطفال

igralište

معبد

hram

طبيعة ريفية

pejsaž

ورقة
list

علامة إرشاد
putokaz

طريق
put

مرج
livada

حجر
kamen

شجرة
drvo

رحالة
šetač

نهر
reka

عشب
trava

زهرة
cvijet

واد

dolina

جبل

planina

بحيرة

jezero

غابة

šuma

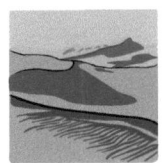

صحراء

pustinja

بركان

vulkan

قلعة

dvorac

قوس قزح

duga

فطر

gljiva

نخلة

palma

بعوض

moskito

ذبابة

muva

نملة

mrav

نحلة

pčela

عنكبوت

pauk

خنفساء

buba

ضفدعة

žaba

سنجاب

veverica

قنفذ

jež

أرنب

zec

بومة

sova

عصفور

ptica

بجعة

labud

خنزير برّي

divlja svinja

غزال

jelen

إلكة

los

سد

nasip

دولاب الطاحونة الهوائية

vetrenjača

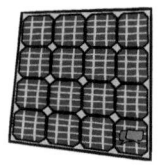

خلية شمسية

solarna ploča

مناخ

klima

مطعم
restoran

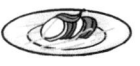

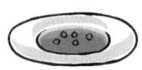

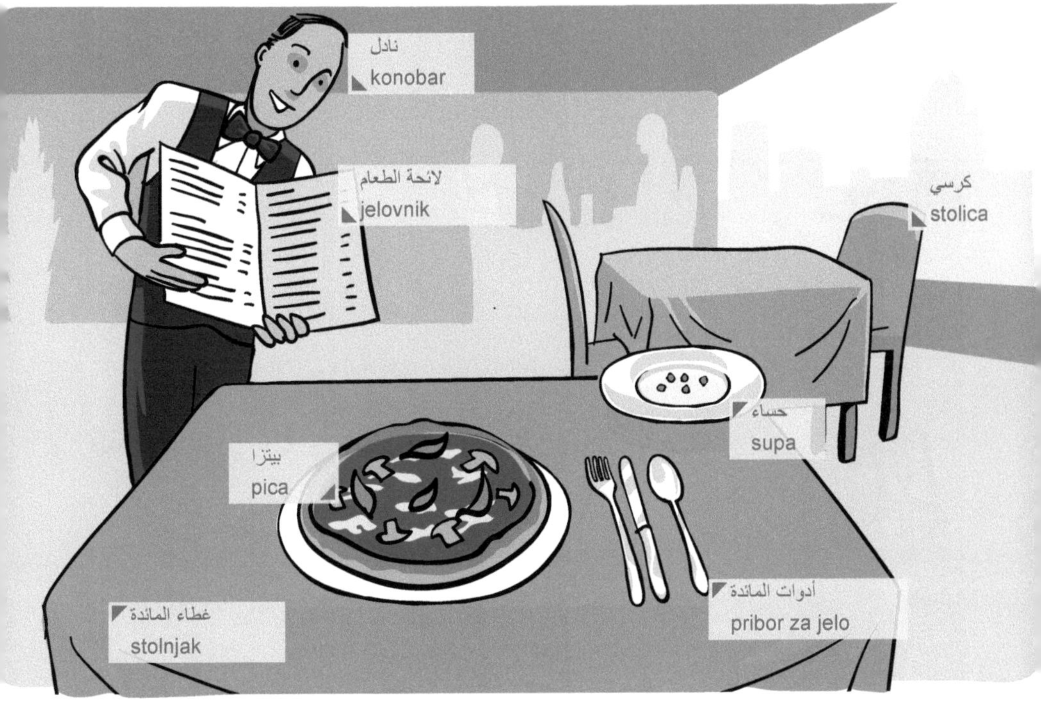

نادل
konobar
لائحة الطعام
jelovnik
كرسي
stolica
حساء
supa
بيتزا
pica
غطاء المائدة
stolnjak
أدوات المائدة
pribor za jelo

مقبلات

predjelo

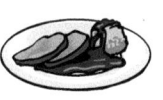

الصحن الرئيسي

glavno jelo

حلوى أو فاكهة بعد الطعام

desert

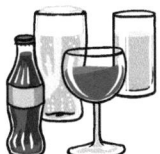

مشروبات

napitci

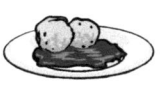

طعام

jelo

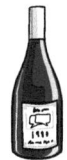

زجاجة

flaša

وجبات سريعة

brza hrana

طعام الشارع

imbis hrana

إبريق الشاي

čajnik

علبة السكر

doza za šećer

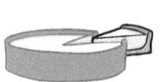

حصّة

porcija

آلة الإسبريسو

aparat za espresso

كرسي عالٍ

visoka stolica

فاتورة

račun

صينية

poslužavnik

سكين

nož

شوكة

viljuška

ملعقة

kašika

ملعقة الشاي

čajna kašika

منديل المائدة

salveta

كأس

čaša

18   مطعم - restoran

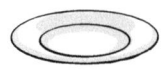

صحن

tanjir

صحن الحساء

tanjir za supu

صحن الفنجان

tanjirić

صلصة

sos

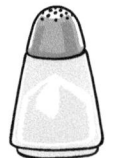

مملحة

soljenka

مطحنة الفلفل

mlin za biber

خلّ

sirće

زيت الطعام

ulje

توابل

začini

كتشاب

kečap

خردل

senf

مايونيز

majoneza

سوبرماركت

supermarket

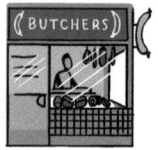

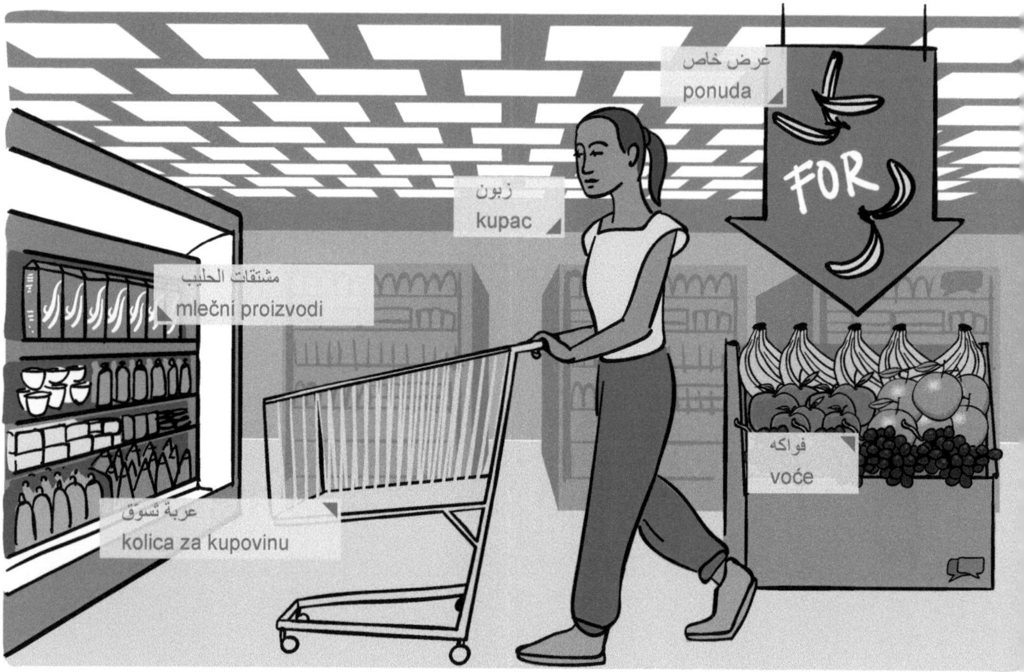

عرض خاص
ponuda
زبون
kupac
مشتقات الحليب
mlečni proizvodi
فواكه
voće
عربة تسوق
kolica za kupovinu
FOR

BUTCHERS

جزّار

mesnica

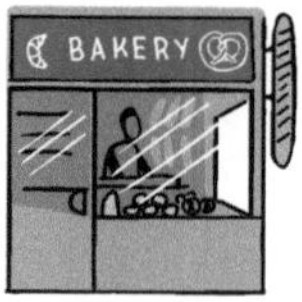

BAKERY

مخبز

pekara

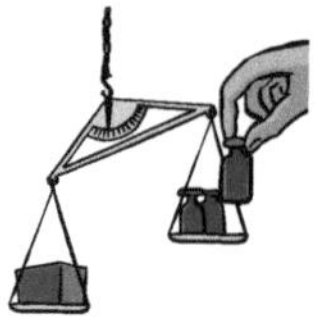

يزن

vagati

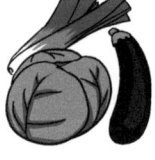

خضار

povrće

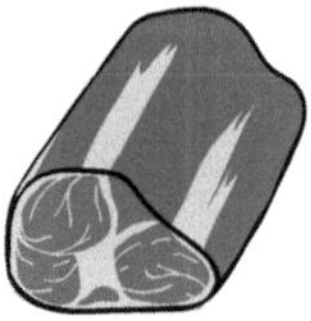

لحم

meso

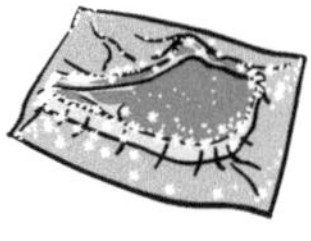

المأكولات المجمّدة

smrznuta hrana

مرتدلا أو جين

narezak

معلبات

konzerve

مسحوق الغسيل

sredstvo za pranje

حلويات

slatkiši

المواد المنزلية

artikli za domaćinstvo

منظفات

sredstva za čišćenje

بائعة

prodavačica

صندوق الحساب

blagajna

أمين صندوق

blagajnik

قائمة المشتريات

lista za kupovinu

أوقات العمل

vreme rada

محفظة النقود

novčanik

بطاقة انتمان

kreditna kartica

حقيبة

torba

كيس بلاستيكي

plastična kesa

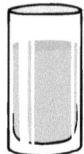

ماء

voda

عصير

sok

حليب

mleko

كولا

kola

نبيذ

vino

بيرة

pivo

كحول

alkohol

كاكاو

kakao

شاي

čaj

قهوة

kava

قهوة إسبريسو

espresso

كابوتشينو

cappuccino

موزة

banana

تفاح

jabuka

برتقال

narandža

بطيخ

lubenica

ليمون

limun

جزرة

šargarepa

ثوم

beli luk

خيزران

bambus

بصل

luk

فطر

gljiva

لوزيات

orašasti plodovi

شعيرية

rezanci

سباغيتي

špagete

أرزّ

riža

سلطة

salata

بطاطا مقلية

pomfrit

بطاطا مقلية

pečeni krumpir

بيتزا

pica

هامبورغر

hamburger

ساندويش

sendvič

شريحة لحم مقلية

šnicla

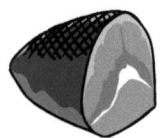

لحم خنزير

šunka

سلامي

salama

سجق

kobasica

دجاج

kokoš

لحم محمر

pečenje

سمك

riba

دقيق الشوفان

zobene pahuljice

موسلي

musli

كورن فلكس

kukuruzne pahuljice

طحين

brašno

كرواسان

kroasan

خبز صغير

pecivo

خبز

hleb

خبز محمص

toast

بسكويت

keksi

زبدة

maslac

لبن زبادي

sveži sir

كعكة

kolač

بيضة

jaje

بيض مقلي

jaje na oko

جبنة

sir

مُثلجات

sladoled

سكر

šećer

عسل

med

مربّى الفاكهة

marmelada

كريم النوغا

nugat krema

الكاري

kari

مزرعة

seosko gazdinstvo

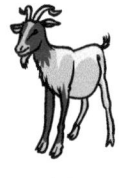

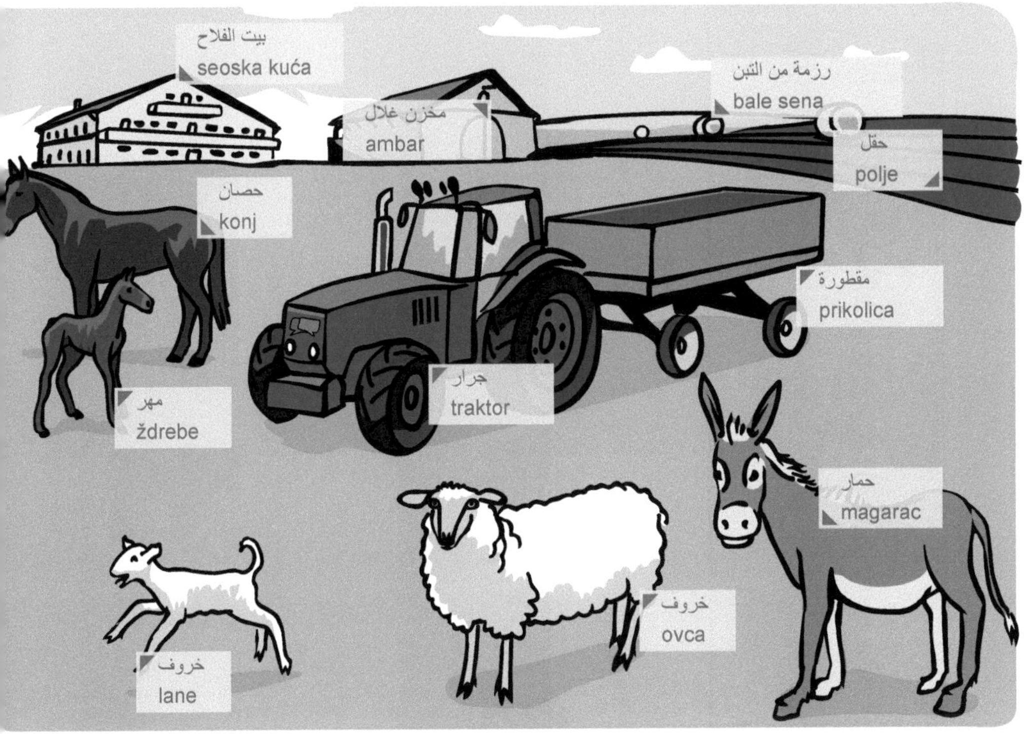

بيت الفلاح
seoska kuća
رزمة من التبن
bale sena
مخزن غلال
ambar
حقل
polje
حصان
konj
مقطورة
prikolica
مهر
ždrebe
جرار
traktor
حمار
magarac
خروف
ovca
خروف
lane

ماعز
koza

بقرة
krava

عجل
tele

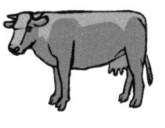

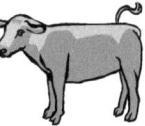

خنزير
svinja

خنزير صغير
prase

ثور
bik

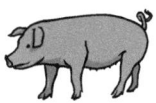

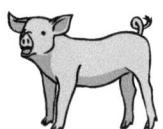

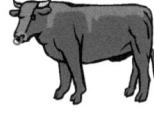

إوزّة

guska

بطة

patka

صوص

pilići

دجاجة

kokoš

ديك

petao

جرذ

pacov

قطّة

mačka

فأر

miš

ثور

vol

كلب

pas

كوخ الكلب

kućica za psa

خرطوم الحديقة

vrtno crevo

إبريق

kanta za polivanje

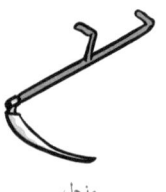

منجل

kosa

المحراث

plug

منجل

srp

معزقة

motika

مذراة الزبل

viljuška za đubrivo

بلطة

sekira

عربة يد

tačke

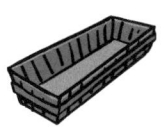

معلف

korito

صفيحة الحليب

posuda za mleko

كيس

vreća

سياج

ograda

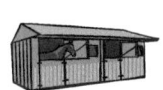

اصطبل

štala

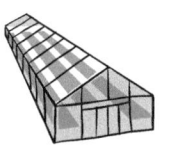

دفينة

staklenik

تربة

zemlja

بذور

seme

سماد

đubrivo

حصّادة درّاسة

kombajn

يحصد

žeti

محصول

žetva

بطاطا يامس

jams začin

قمح

pšenica

صويا

soja

بطاطا

krumpir

ذرة

kukuruz

سلجم

uljana repica

شجرة فاكهة

voćka

نبات منيهوت

gomolj manioke

الحبوب

žitarice

30   مزرعة - seosko gazdinstvo

بيت
kuća

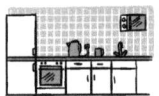

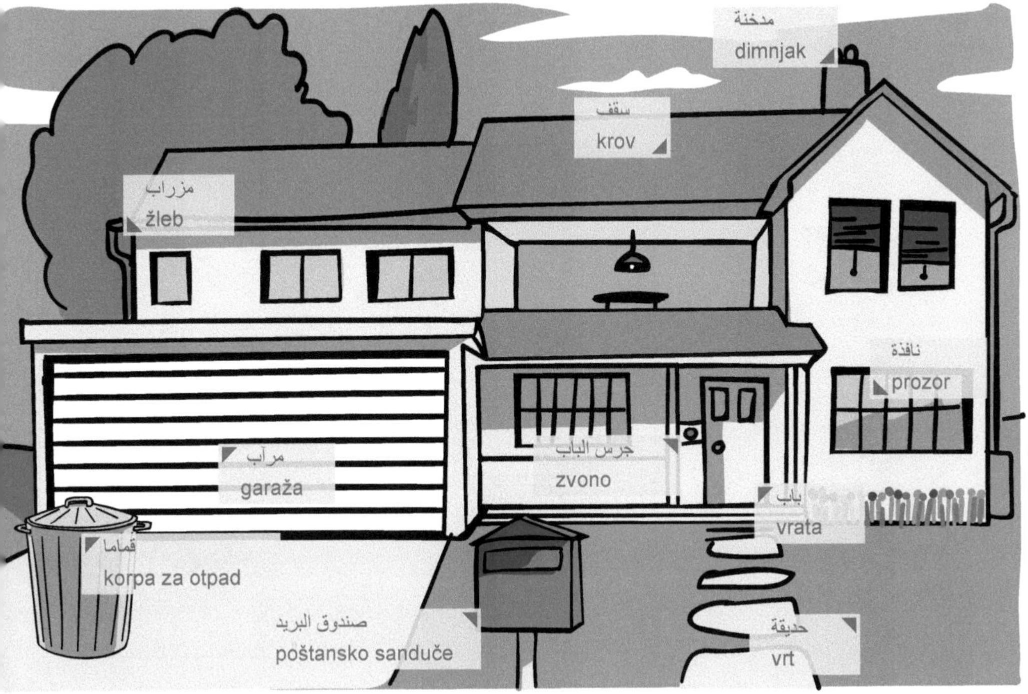

مدخنة
dimnjak
سقف
krov
مزراب
žleb
نافذة
prozor
مرآب
garaža
جرس الباب
zvono
باب
vrata
قماما
korpa za otpad
صندوق البريد
poštansko sanduče
حديقة
vrt

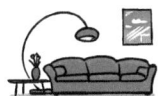

غرفة جلوس

....

dnevna soba

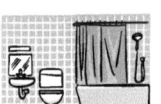

الحمّام

....

kupaonica

مطبخ

....

kuhinja

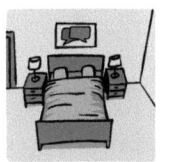

غرفة النوم

....

spavaća soba

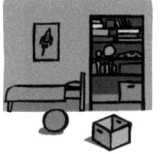

غرفة الأطفال

....

dečija soba

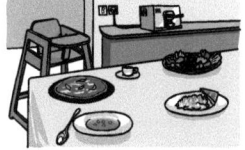

غرفة الطعام

....

trpezarija

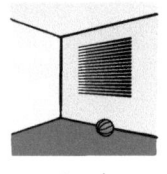

أرضية

pod

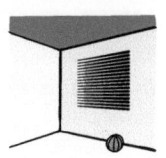

حائط

zid

سقف

strop

قبو

podrum

ساونا

sauna

بلكون

balkon

شرفة

terasa

مسبح

bazen

جزّازة العشب

kosilica za travu

بياضات السرير

posteljina za krevet

بطانية

deka za krevet

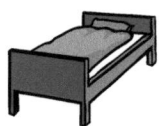

سرير

krevet

مكنسة

metla

سطل

kanta

مفتاح كهربائي

prekidač

32   بيت - kuća

غرفة جلوس
dnevna soba

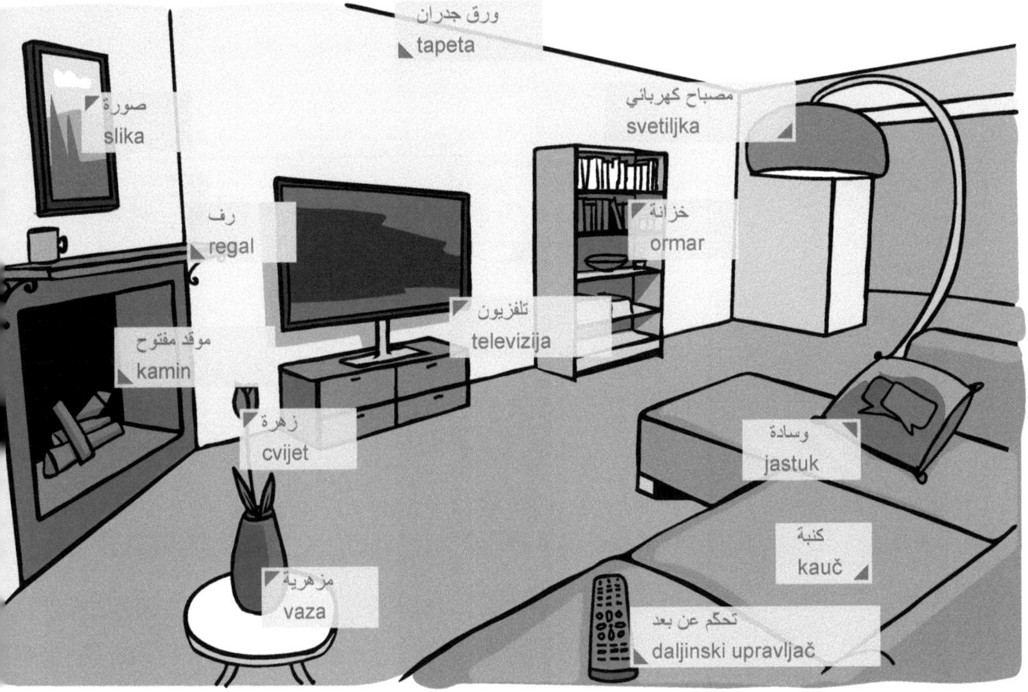
ورق جدران
tapeta
صورة
slika
مصباح كهربائي
svetiljka
رف
regal
خزانة
ormar
تلفزيون
televizija
موقد مفتوح
kamin
زهرة
cvijet
وسادة
jastuk
كنبة
kauč
مزهرية
vaza
تحكم عن بعد
daljinski upravljač

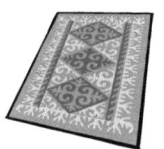

بصاط

tepih

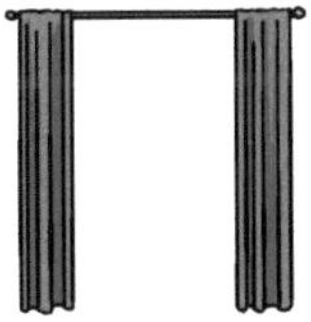

ستارة

zavesa

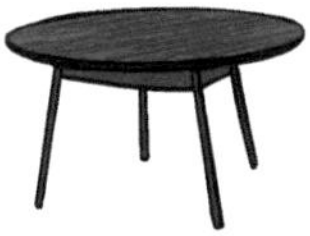

طاولة

sto

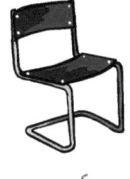

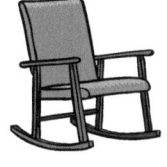

كرسي

stolica

كرسي هزّاز

stolica za njihanje

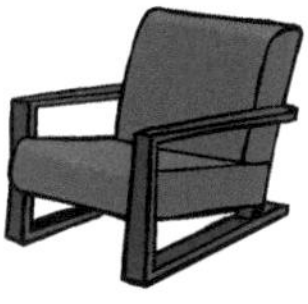

كرسي ذو ذراعين

fotelja

الكتاب	بطانية	زخرفة
knjiga	deka	dekoracija

الحطب	فيلم	تجهيزات ستيريو
drvo za ogrev	film	hi-fi uređaj

مفتاح	جريدة	لوحة مرسومة
ključ	novine	slika na platnu

مُلصق	راديو	دفتر ملاحظات
poster	radio	blok za pisanje

المكنسة الكهربائية	صبّار	شمعة
usisivač	kaktus	sveća

مطبخ
kuhinja

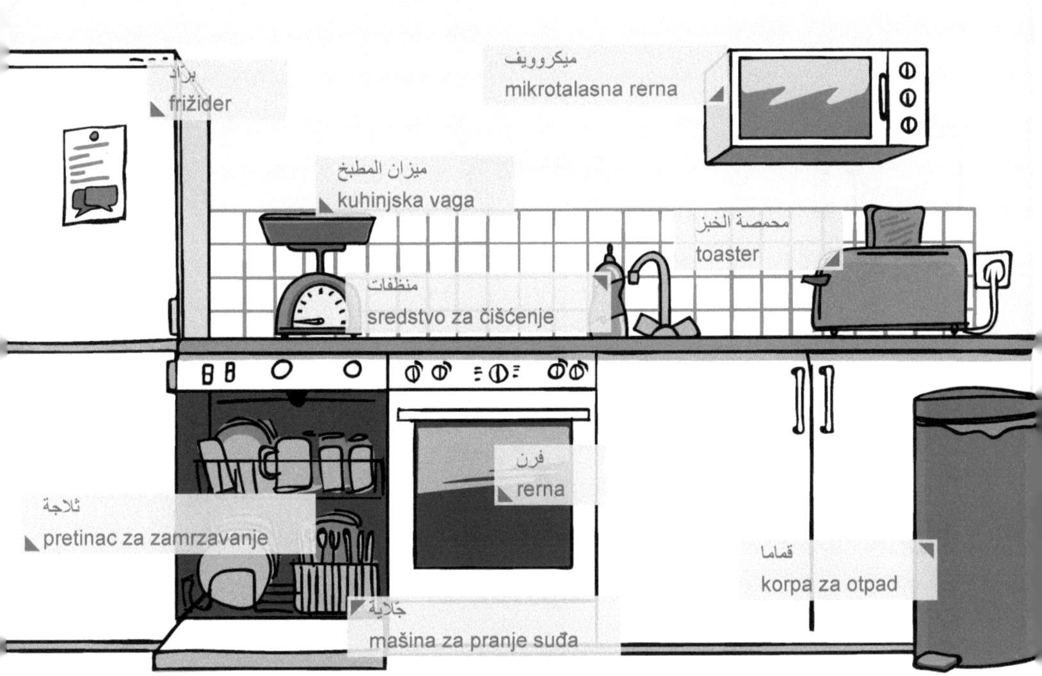

برّاد
frižider
ميكروويف
mikrotalasna rerna
ميزان المطبخ
kuhinjska vaga
محمصة الخبز
toaster
منظفات
sredstvo za čišćenje
فرن
rerna
ثلاجة
pretinac za zamrzavanje
قماما
korpa za otpad
جَلاية
mašina za pranje suđa

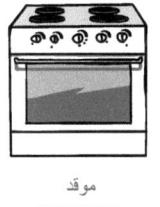

موقد

šporet

قِدر

lonac

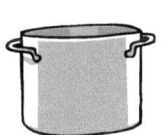

وعاء من الحديد

gvozdeni lonac

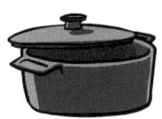

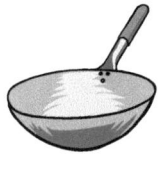

قدر صيني

wok / kadai

مقلاة

tava

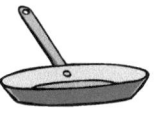

غلاية

kuvalo za vodu

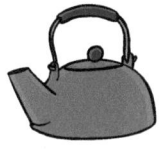

قدر البخار

kuvalo na paru

صينية

lim za pečenje

أواني

posuđe

فنجان

čaša

صحن

posuda

عيدان الأكل

štapići za jelo

مغرفة

kutlača

ملعقة منبسطة

lopatica

خفاقة

penjača

مصفاة

sito za kuvanje

مصفاة

sito

مبشرة

ribež

هاون

mužar

شواء

roštilj

موقد

ognjište

لوح التقطيع

daska

نشّابة

oklagija

مفتاح الزجاجات

vadičep

علبة

konzerva

مفتاح العلب المعدنية

otvarač konzervi

قماش الفرن

krpa za lonac

مجلى

sudoper

فرشاة

četka

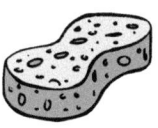

إسفنج

sunđer

خلاط

mikser

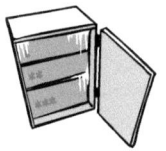

مجمّدة

zamrzivač

زجاجة الطفل

flašica za bebe

صنبور الماء

slavina za vodu

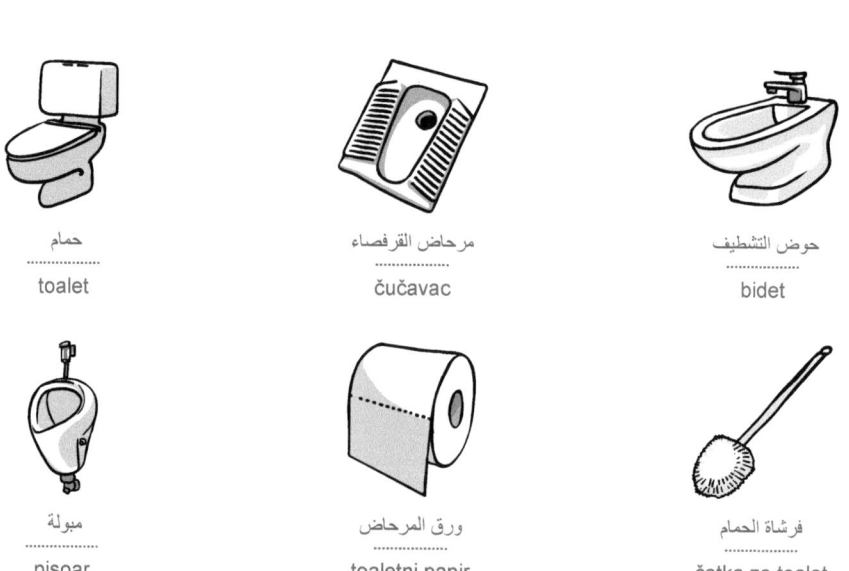

الحمّام
kupaonica

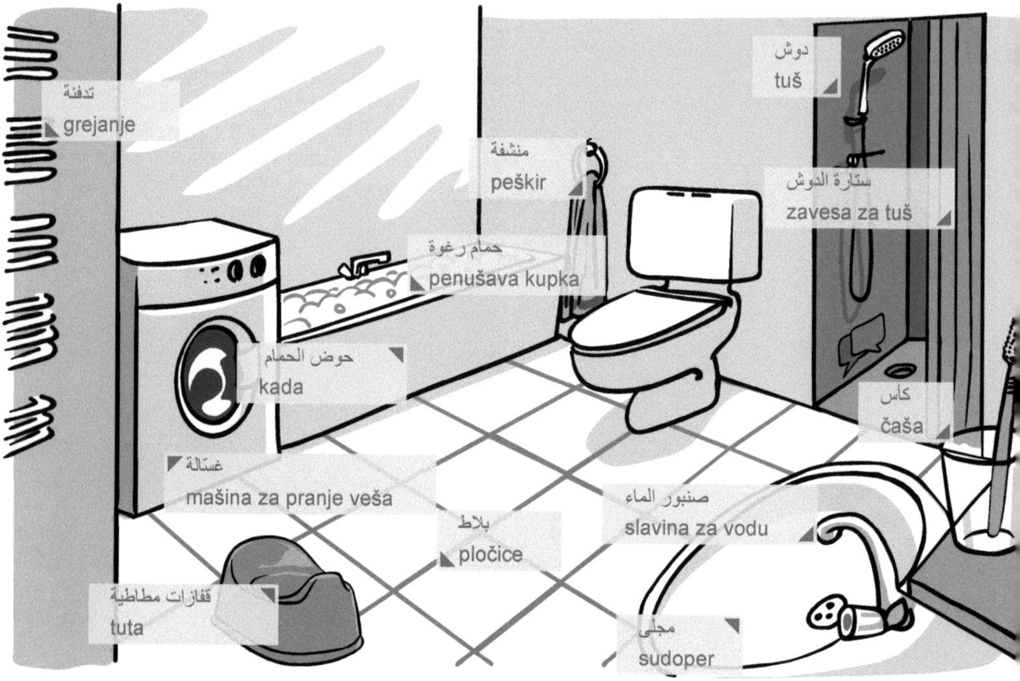

تدفئة
grejanje
منشفة
peškir
دوش
tuš
ستارة الدوش
zavesa za tuš
حمام رغوة
penušava kupka
حوض الحمام
kada
غسّالة
mašina za pranje veša
بلاط
pločice
قفازات مطاطية
tuta
صنبور الماء
slavina za vodu
كأس
čaša
مجلى
sudoper

حمام
....
toalet

مرحاض القرفصاء
....
čučavac

حوض التشطيف
....
bidet

مبولة
....
pisoar

ورق المرحاض
....
toaletni papir

فرشاة الحمام
....
četka za toalet

فرشاة الأسنان

četkica za zube

معجون الأسنان

pasta za zube

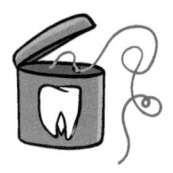

خيط حرير لتنظيف الأسنان

konac za zube

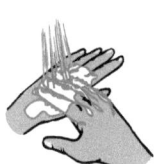

يغسل

prati

رشاش ماء يدوي

tuš ručica

شطاف

tuš za pranje intimnih delova

حوض الغسيل

lavor

فرشاة الظهر

četka za pranje leđa

صابون

sapun

جيل الدوش

gel za tuširanje

شامبو

šampon

ممسحة

krpa za pranje

مصرف للماء

odvod

مرهم

krema

مزيل الروائح

dezodorans

مرآة

ogledalo

مرآة يد

kozmetičko ogledalo

موس حلاقة

brijač

رغوة الحلاقة

pena za brijanje

كولونيا

losion za posle brijanja

مشط

češalj

فرشاة

četka

سشوار

fen za kosu

مثبت للشعر

sprej za kosu

ماكياج

makeup

روج

ruž za usne

طلاء أظافر

lak za nokte

قطن

vata

مقص أظافر

makaze za nokte

عطر

parfem

سلة الغسيل

kozmetička torbica

مقعد صغير

stolica

ميزان

vaga

معطف الحمام

ogrtač

قفازات مطاطية

rukavice za čišćenje

سدادة قطنية

tampon

منشفة صحية

uložak

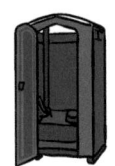

تواليت كيميائية

hemijski toalet

غرفة الأطفال

dečija soba

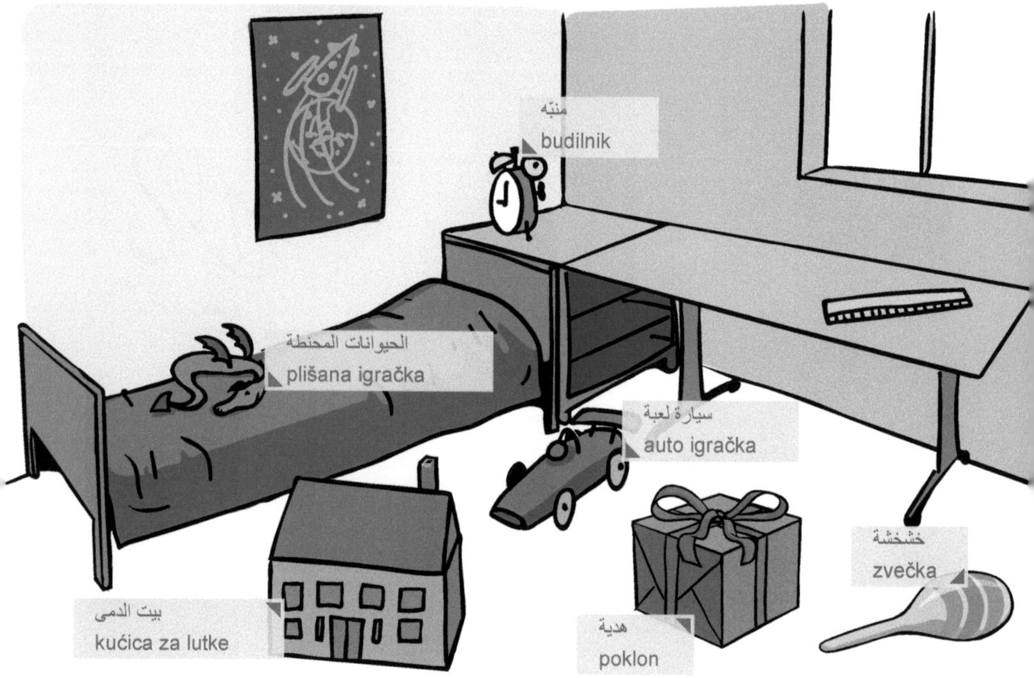

منبّه
budilnik
الحيوانات المحنطة
plišana igračka
سيارة لعبة
auto igračka
خشخشة
zvečka
بيت الدمى
kućica za lutke
هدية
poklon

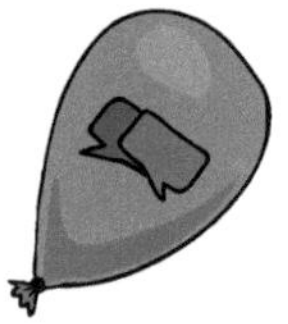

بالون

balon

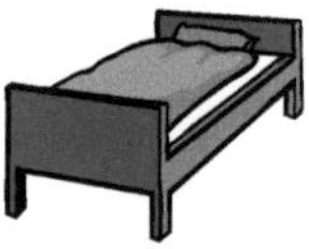

سرير

krevet

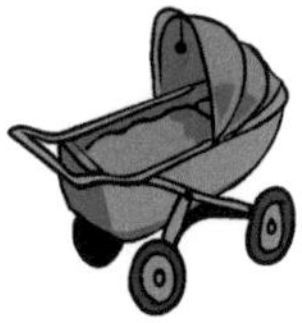

عربة الأطفال

dječija kolica

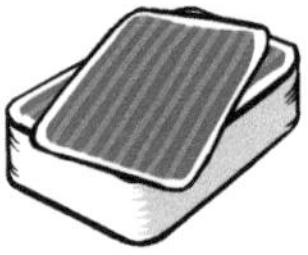

لعبة الورق

igra s kartama

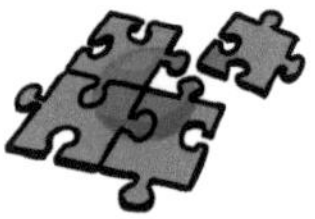

أحجية

slagalica

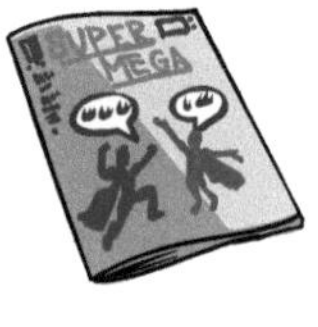

رسوم هزلية

strip

أحجار الليغو

lego kockice

حجارة تركيب

kockice za slaganje

دمية بطل

akcioni junak

لباس الطفل

benkica za bebe

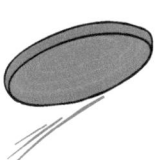

فريسبي

frizbi

دمية معلقة

viseće igračke

لعبة الطاولة

društvene igre

لعبة النرد

kocka

لعبة قطار

minijaturna željeznica

مصّاصة

duda

حفلة

zabava

كتاب مصوّر

slikovnica

كرة

lopta

دمية

lutka

يلعب

igrati

ملعب رملي للأطفال

pješčanik

أرجوحة

ljuljačka

لعبة

igračka

ألعاب فيديو

konzola za igre

دراجة ثلاثية

tricikl

دمية على شكل الدب

tedi

خزانة الثياب

ormar

ثياب

odeća

جوارب قصيرة

kratke čarape

جوارب طويلة

čarape

جورب بنطلون

hulahopke

شال
šal

حزام
kaiš

شمسية
kišobran

تي شيرت
majica

أحذية رياضية
patike

حذاء شتوي
čizme

شبشب
papuče

صندل
sandale

حذاء
cipele

جزمة كاوتشوك
gumene čizme

سروال داخلي
gaćice

صدّارة
grudnjak

قميص داخلي
potkošulja

لباس ملاصق للجسم

bodi

بنطلون

pantalone

جينز

farmerke

تنّورة

suknja

بلوزة

bluza

قميص

košulja

سترة قطنية

džemper

كنزة كم طويل

džemper s kapuljačom

سترة فضفاضة

sako

سترة

jakna

معطف

kaput

معطف مطري

kabanica

زي - طقم نسائي

kostim

ثوب

haljina

ثوب الزفاف

venčanica

طقم

odelo

قميص نوم

spavaćica

بيجاما

pidžama

ساري

sari

حجاب

marama za glavu

عمامة

turban

برقع

burka

قفطان

kaftan

عباءة

abaja

مايوه

kupaći kostim

سروال سباحة

kupaće gaćice

شرت

kratke pantalone

بدلة رياضية

odeća za trening

منزر

kecelja

قفازات

rukavice

زر

dugme

نظّارة

naočare

إسوارة

narukvica

عقد

ogrlica

خاتم

prsten

قرط

naušnica

طاقيّة

kapa

علاقة ثياب

vešalica

قبّعة

šešir

ربطة العنق

kravata

سحّاب

patent zatvarač

خوذة

kaciga

حمّالة البنطلون

naramenice

اللباس المدرسي

školska uniforma

زي موحّد

uniforma

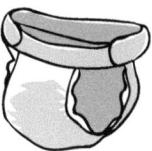

مريلة الأطفال

podbradak

مصّاصة

duda

لفافة

pelena

مكتب

kancelarija

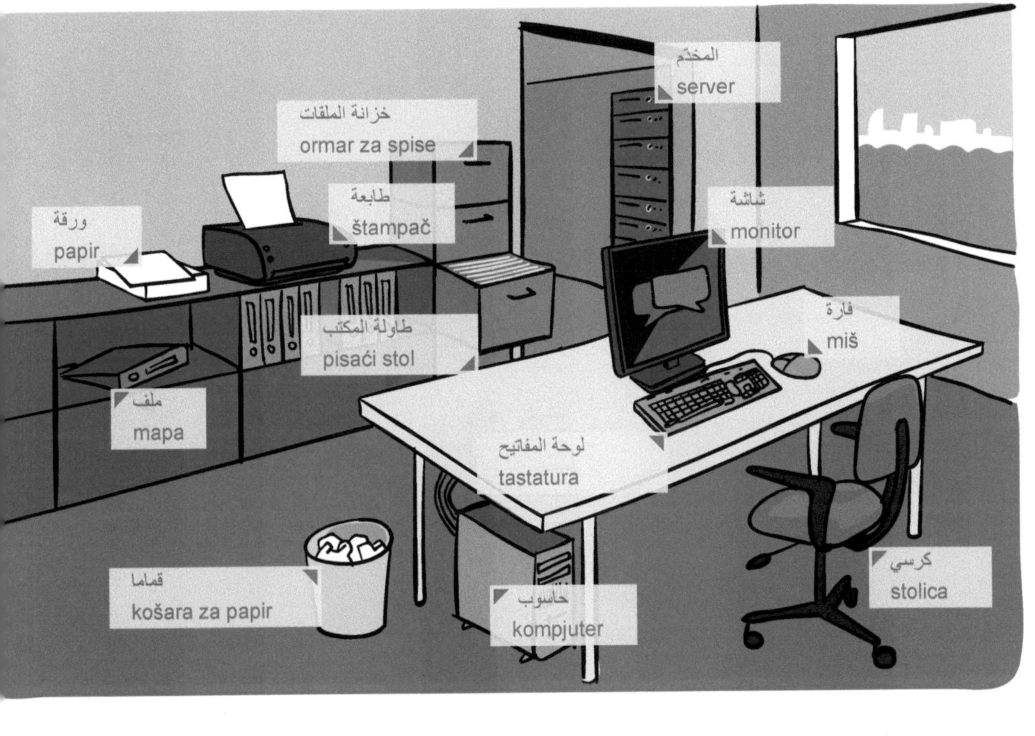

المخدّم
server

خزانة الملفات
ormar za spise

طابعة
štampač

ورقة
papir

شاشة
monitor

طاولة المكتب
pisaći stol

فأرة
miš

ملف
mapa

لوحة المفاتيح
tastatura

كرسي
stolica

قماما
košara za papir

حاسوب
kompjuter

كأس من القهوة

šalica za kavu

الآلة الحاسبة

kalkulator

الإنترنت

internet

الحاسوب المحمول

laptop

رسالة

pismo

خبر

poruka

الهاتف المحمول

mobilni telefon

شبكة

mreža

جهاز تصوير

uređaj za kopiranje

البرمجيات

softver

هاتف

telefon

مقبس كهربائي

utičnica

فاكس

faks

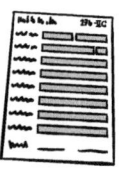

استمارة

formular

وثيقة

dokument

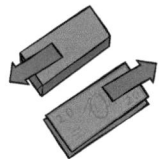

يشتَري

kupovati

يدفع

platiti

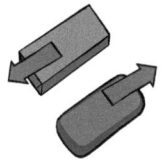

يتاجر

trgovati

مال

novac

دولار

dolar

يورو

evro

ين

jen

روبل

rublja

فرنك سويسري

švajcarski franak

يوان

renmindbi juan

روبية

rupija

صرّاف آلي

automat za novac

مكتب صرافة

menjačnica

ذهب

zlato

فضة

srebro

نفط

nafta

طاقة

energija

سعر

cena

عقد

ugovor

ضريبة

porez

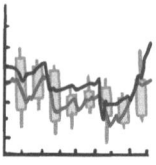

سهم

deonica

يعمل

raditi

موظف

službenik

رب العمل

poslodavac

مصنع

fabrika

متجر

prodavnica

المِهَن
zanimanja

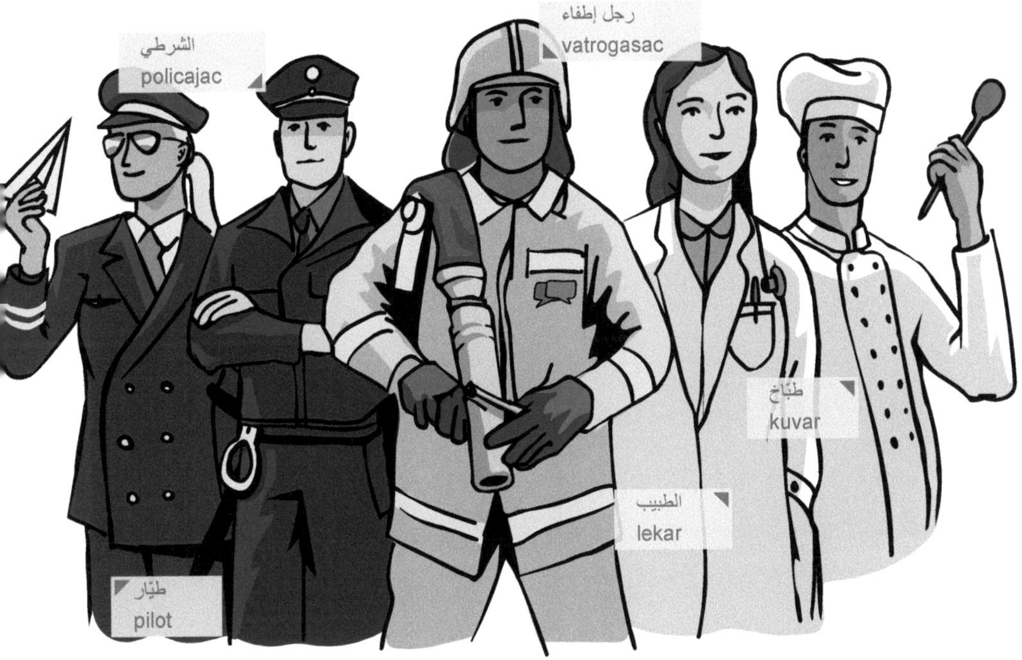

رجل إطفاء
vatrogasac
الشرطي
policajac
طبّاخ
kuvar
الطبيب
lekar
طيّار
pilot

بستاني

vrtlar

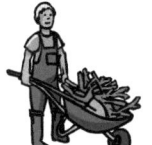

نجّار

stolar

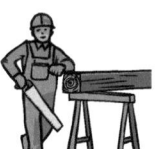

خيّاطة

krojačica

قاضٍ

sudija

كيميائي

hemičar

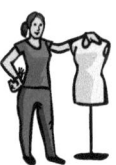

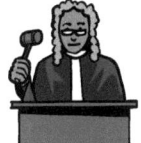

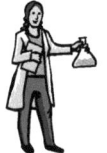

ممثل

glumac

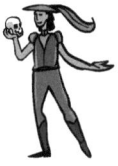

سائق حافلة

vozač autobusa

سائق تاكسي

vozač taksija

صياد سمك

ribar

أجيرة للتنظيف

čistačica

بنّاء سقف

krovopokrivač

نادل

konobar

صيّاد

lovac

رسّام

slikar

خبّاز

pekar

كهربائي

električar

عامل بناء

građevinski radnik

مهندس

inženjer

لحّام

mesar

سمكري

limar

ساعي البريد

poštar

جندي

vojnik

مهندس معماري

arhitekta

أمين صندوق

blagajnik

بائع الزهور

cvećar

حلاق

frizer

مراقب القطار

kondukter

ميكانيكي

mehaničar

قبطان

kapetan

طبيب أسنان

zubar

رجل العلم

naučnik

حاخام

rabi

إمام

imam

راهب

monah

كاهن

svećenik

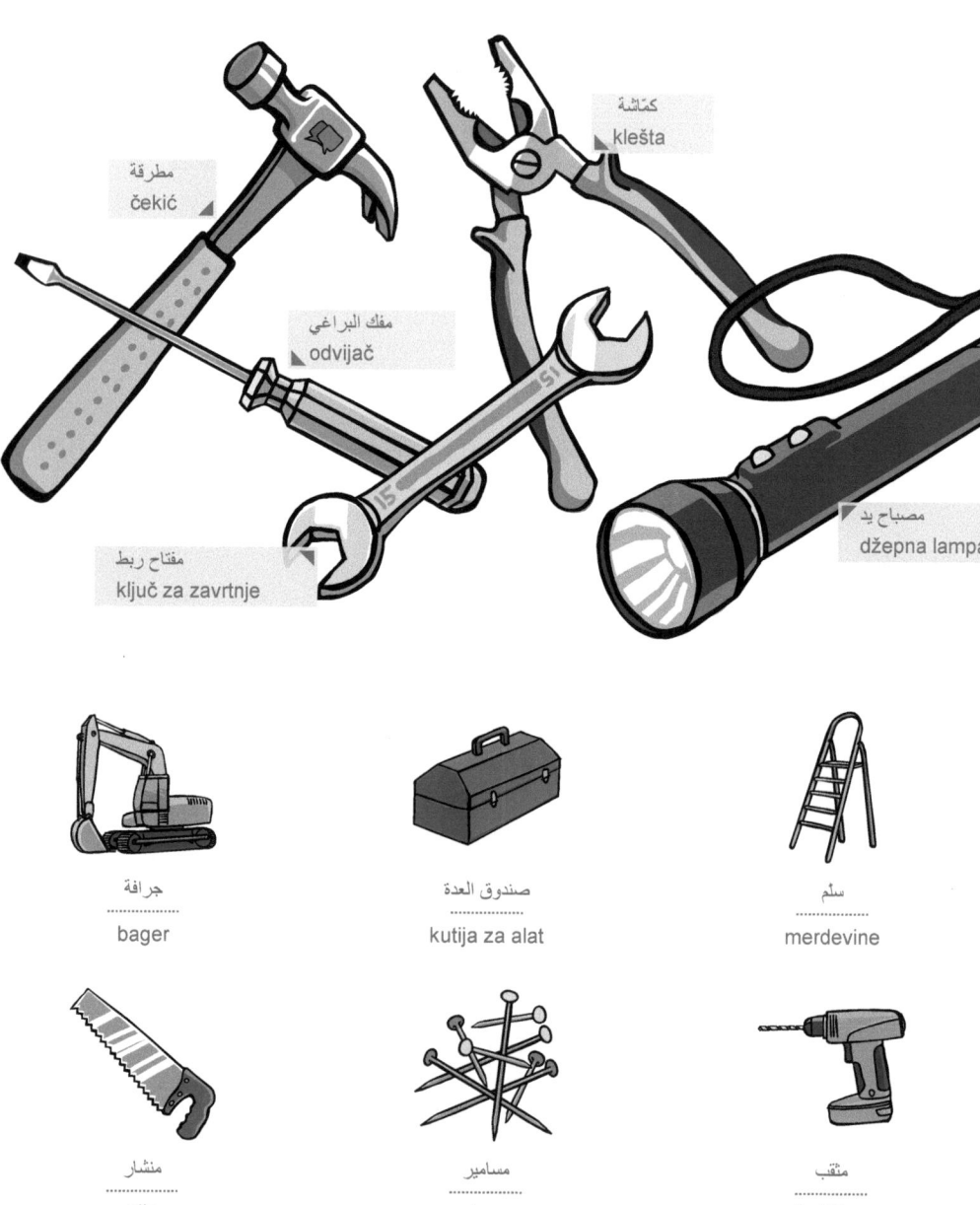

كماشة
klešta

مطرقة
čekić

مفك البراغي
odvijač

مفتاح ربط
ključ za zavrtnje

مصباح يد
džepna lampa

جرافة
bager

صندوق العدة
kutija za alat

سلّم
merdevine

منشار
pila

مسامير
ekser

مثقّب
bušilica

يصلح
popraviti

مجرفة
lopata

اللعنة
do đavola!

لقاطة الكناسة
lopatica

سطل الألوان
lonac za boju

براغي
zavrtanji

آلات موسيقية

muzički instrument

آلات الإيقاع
bubnjevi

مكبر الصوت
zvučnik

غيتار
gitara

كمان أجهر
kontrabas

بوق
truba

بيانو

klavir

كمنجة

violina

جهير

bas

طبل كبير

timpani

طبل

udaraljke za bubnjeve

بيانو كهربائي

tipke klavira

ساكسوفون

saksofon

ناي

flauta

ميكروفون

mikrofon

حديقة حيوانات

zoološki vrt

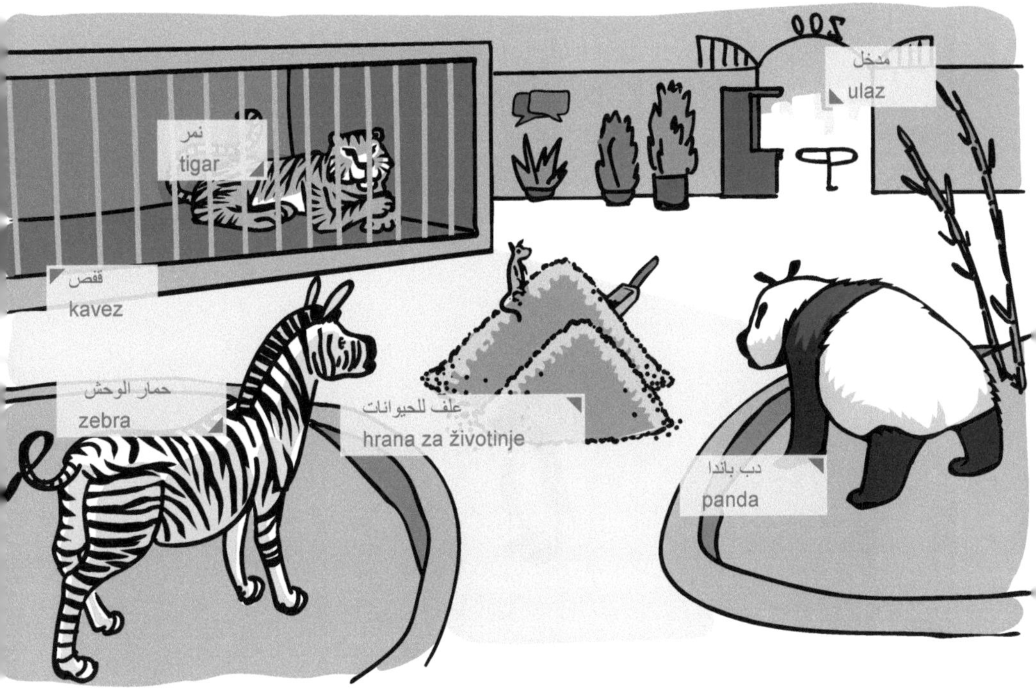

مدخل
ulaz
نمر
tigar
قفص
kavez
حمار الوحش
zebra
علف للحيوانات
hrana za životinje
دب باندا
panda

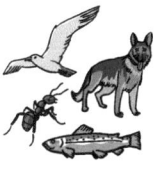

حيوانات

životinje

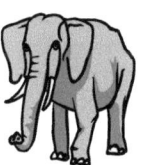

فيل

slon

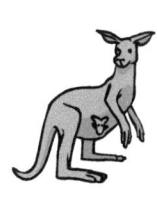

كنغر

kengur

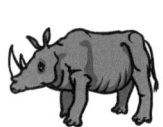

وحيد القرن

nosorog

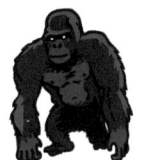

غوريلا

gorila

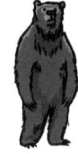

دب

medved

جمل

kamila

نعامة

noj

أسد

lav

قرد

majmun

طائر فلامينغو

flamingo

ببغاء

papagaj

دب قطبي

polarni medved

بطريق

pingvin

سمك القرش

ajkula

طاووس

paun

أفعى

zmija

تمساح

krokodil

حارس في حديقة الحيوان

čuvar u zoološkom vrtu

عجل البحر

tuljan

نمر أمريكي مرقط

jaguar

60   حديقة حيوانات - **zoološki vrt**

فرس قزم

poni

نمر

leopard

فرس النهر

nilski konj

زرافة

žirafa

نسر

orao

خنزير برّي

divlja svinja

سمك

riba

سلحفاة

kornjača

حيوان فظ البحري

morž

ثعلب

lisica

غزال

gazela

رياضة
sport

كرة القدم الأمريكية
američki nogomet

ركوب الدراجات
biciklizam

كرة التنس
tenis

كرة السلة
košarka

السباحة
plivanje

الملاكمة
boks

هوكي الجليد
hokej na ledu

كرة القدم
....
fudbal

الريشة الطائرة
....
badminton

ألعاب القوى الخفيفة
....
atletika

كرة اليد
....
rukomet

التزلج على الثلج
....
skijanje

بولو
....
polo

يقفز skočiti

يعانق zagrliti

يضحك smejati se

يمشي ići

يغني pevati

يصلي moliti se

يقبل poljubiti

يحلم sanjati

يكتب
pisati

يرسم
crtati

يُري
pokazati

يدفع
gurati

يعطي
dati

يأخذ
uzeti

يملك

imati

يعمل

činiti

يوجد

biti

يقف

stojati

يركض

trčati

يسحب

povlačiti

يرمي

baciti

يقع

padati

يستلقي

ležati

ينتظر

čekati

يحمل

nositi

يجلس

sediti

يلبس

oblačiti

ينام

spavati

يستيقظ

probuditi se

64 نشاطات - aktivnosti

ينظر إلى ..

gledati

يبكي

plakati

يمسّد

milovati

يمشّط

češljati

يتكلم

govoriti

يفهم

razumeti

يسأل

pitati

يسمع

slušati

يشرب

piti

يأكل

jesti

يرتب

pospremiti

يحب

voleti

يطبخ

kuhati

يقود

voziti

يطير

leteti

يبحر بزورق شراعي

ploviti

يحسب

računati

يقرأ

čitati

يتعلم

učiti

يعمل

raditi

يتزوج

venčati se

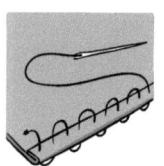

يخيط

šiti

ينظف أسنانه

prati zube

يقتّل

ubiti

يدخّن

pušiti

يرسل

poslati

عائلة

porodica

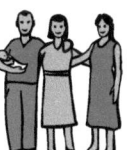

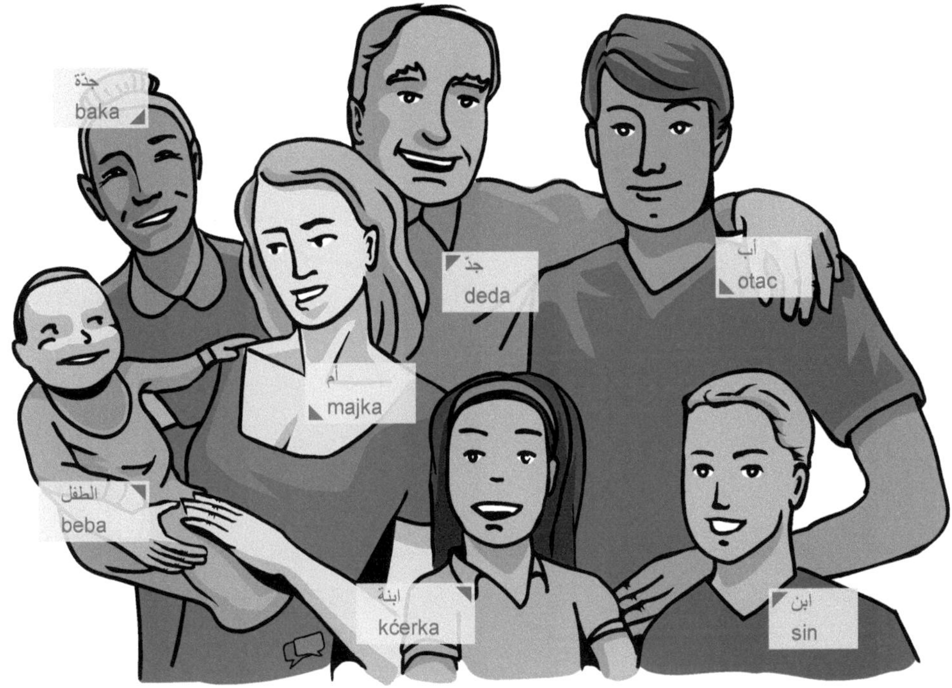

جدّة
baka
جدّ
deda
أب
otac
أم
majka
الطفل
beba
ابنة
kćerka
ابن
sin

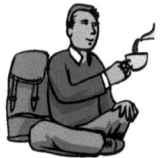

ضيف

gost

عمّة / خالة

tetka

عمّ / خال

ujak, stric

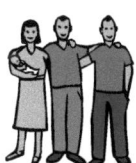

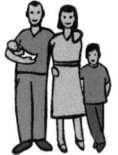

أخ

brat

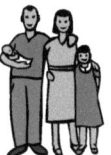

أخت

sestra

الجسم
telo

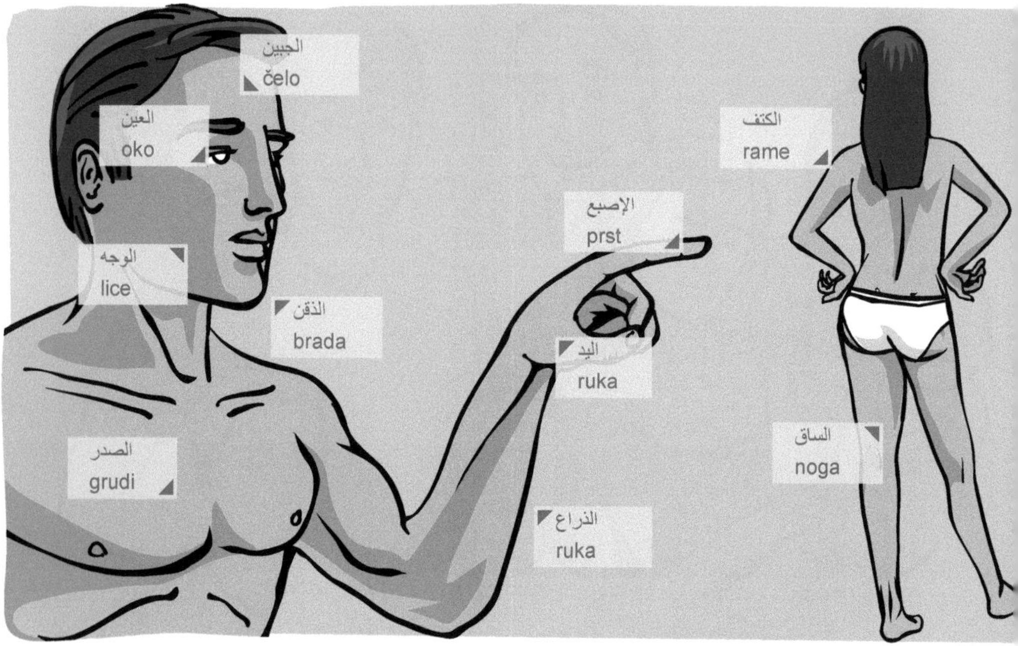

الجبين
čelo
العين
oko
الكتف
rame
الإصبع
prst
الوجه
lice
الذقن
brada
اليد
ruka
الساق
noga
الصدر
grudi
الذراع
ruka

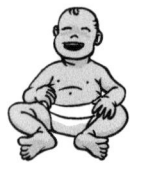

الطفل
....
beba

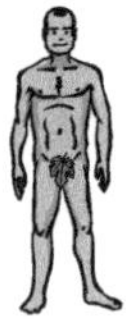
الرجل
....
muškarac

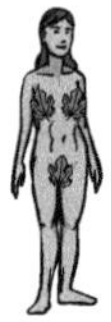
المرأة
....
žena

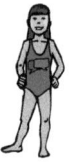

البنت
....
devojčica

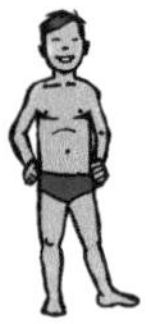
الولد
....
dečak

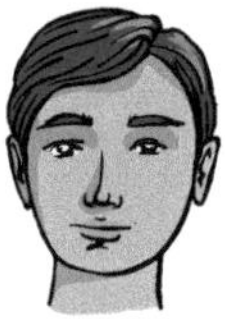
الرأس
....
glava

الظهر

leđa

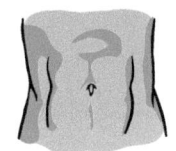

البطن

stomak

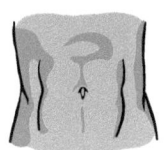

السرّة

pupak

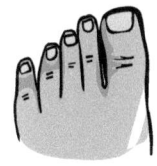

إصبع القدم

nožni prst

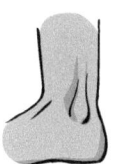

الكعب

peta

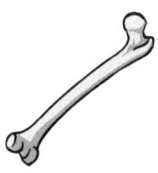

العظم

kost

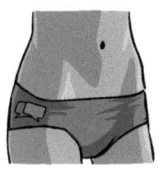

الورك

kukovi

الركبة

koleno

المرفق

lakat

الأنف

nos

العَجُز

zadnjica

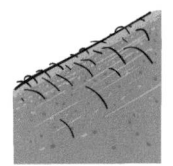

البشرة

koža

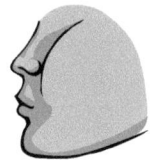

الخد

obraz

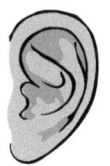

الأذن

uvo

الشفة

usna

الفم

usta

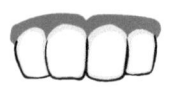

السن

zub

اللسان

jezik

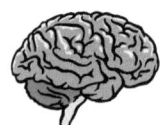

الدماغ

mozak

القلب

srce

العضلة

mišić

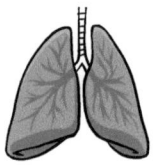

الرئة

pluća

الكبد

jetra

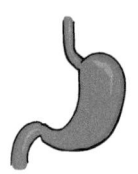

المعدة

želudac

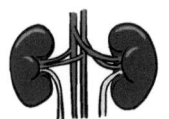

الكلى

bubrezi

الاتصال الجنسي

polni odnos

الواقي المطاطي

kondom

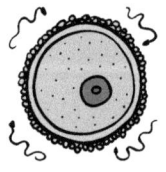

البويضة

jajna ćelija

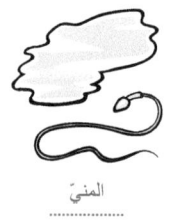

المنيّ

sperma

الحمل

trudnoća

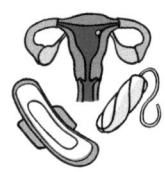

الحيض

menstruacija

المهبل

vagina

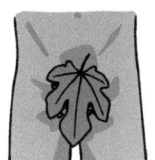

القضيب

penis

الحاجب

obrva

الشعر

kosa

الرقبة

vrat

المستشفى

bolnica

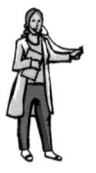

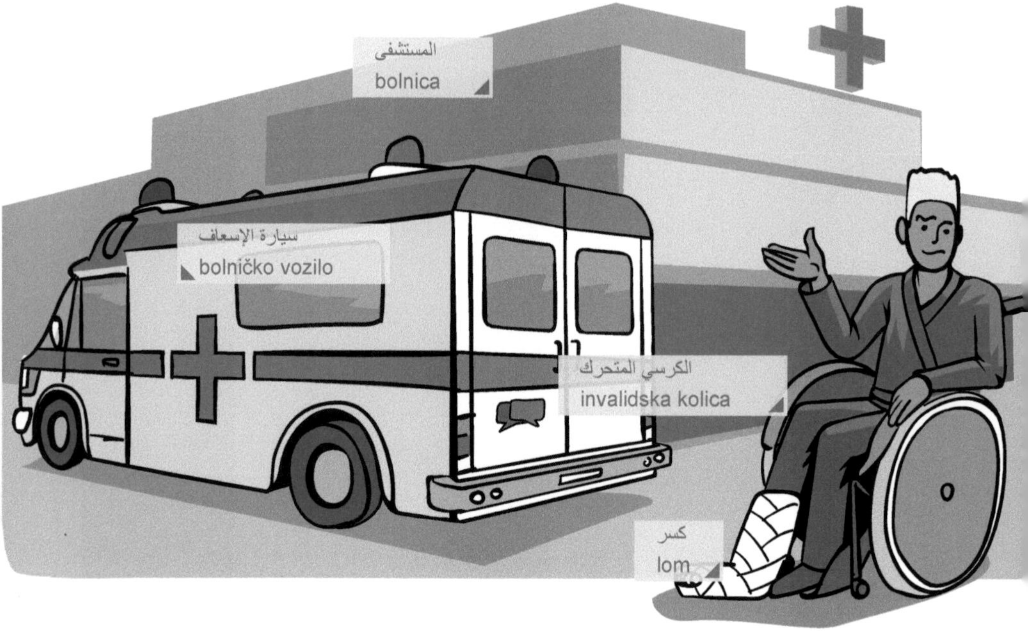

المستشفى
bolnica
سيارة الإسعاف
bolničko vozilo
الكرسي المتحرك
invalidska kolica
كسر
lom

الطبيب

lekar

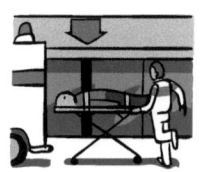

غرفة الإسعاف

hitna medicinska služba

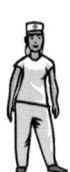

الممرضة

medicinska sestra

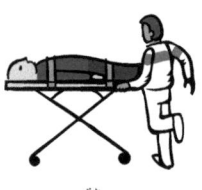

حالة

hitni slučaj

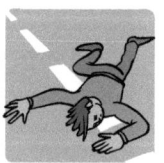

مغمى عليه

nesvest

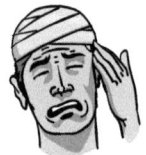

الألم

bol

إصابة

povreda

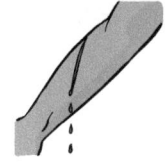

النزيف

krvarenje

احتشاء القلب

srčani udar

جلطة

udar

حسسية

alergija

السعال

kašalj

الحُمَّى

groznica

إنفلونزا

gripa

الإسهال

proliv

وجع الرأس

glavobolja

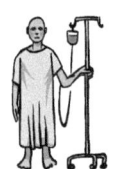

السرطان

rak

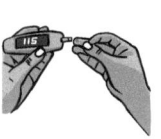

مرض السكر

dijabetes

جرّاح

hirurg

مبضع

skalpel

عملية

operacija

سيتي سكان

ct

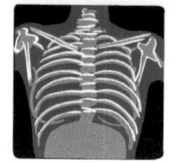

الأشعة السينية

rentgen

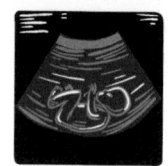

فوق الصوتي

ultrazvuk

القناع

maska

المرض

bolest

غرفة الانتظار

čekaona

العُكّاز

štaka

شريط لاصق

flaster

ضماد

zavoj

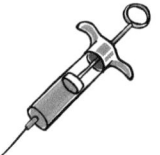

حقنة

injekcija

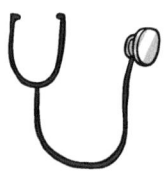

سمّاعة الطبيب

stetoskop

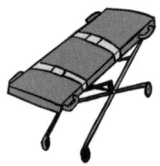

نقالة

nosila

ميزان حرارة

termometar

ولادة

rođenje

وزن زائد

prekomerna težina

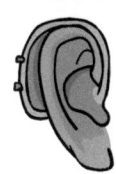

جهاز السمع

slušni aparat

المواد المعقمة

sredstvo za dezinfekciju

عدوى

infekcija

فيروس

virus

الإيدز

HIV / AIDS

الطب

medicina

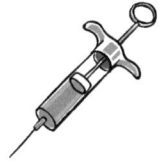

اللقاح

vakcinacija

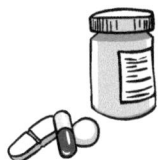

أقراص الدواء

tablete

حبّة الدواء

pilula

نداء النجدة

hitni poziv

مقياس ضغط الدم

uređaj za merenje pritiska

مريض / صحيح

bolesno / zdravo

النجدة!

pomoć!

إنذار

alarm

اعتداء

nasrtaj

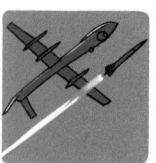

هجوم

napad

خطر

opasnost

مخرج طوارئ

izlaz u slučaju nužde

حريق!

požar!

جهاز الإطفاء

protivpožarni aparat

حادث

nezgoda

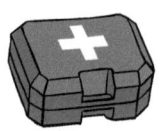

حقيبة الإسعاف الأولي

kutija prve pomoći

أنقذونا

sos

الشرطة

policija

أوروبا

Evropa

أمريكا الشمالية

Severna Amerika

أمريكا الجنوبية

Južna Amerika

أفريقيا

Afrika

آسيا

Azija

أستراليا

Australija

المحيط الأطلسي

Atlantik

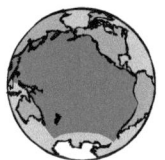

المحيط الهادي

Pacifik

المحيط الهندي

Indijski okean

المحيط المتجمد الجنوبي

Antarktički okean

المحيط المتجمد الشمالي

Arktički ocean

القطب الشمالي

Severni pol

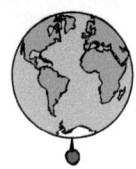

القطب الجنوبي

Južni pol

منطقة القطب الجنوبي

Antarktik

أرض

zemlja

بر

zemlja

بحر

more

جزيرة

otok

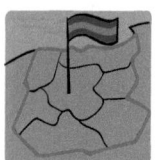

أمة

nacija

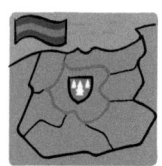

دولة

država

ميناء الساعة

brojčanik sata

عقرب الساعات

satna kazaljka

عقرب الدقائق

minutna kazaljka

عقرب الثواني

sekundna kazaljka

كم الساعة الآن؟

Koliko je sati?

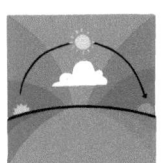

يوم

dan

زمن

vreme

الآن

sada

ساعة رقمية

digitalni sat

دقيقة

minuta

ساعة

čas

sedmica

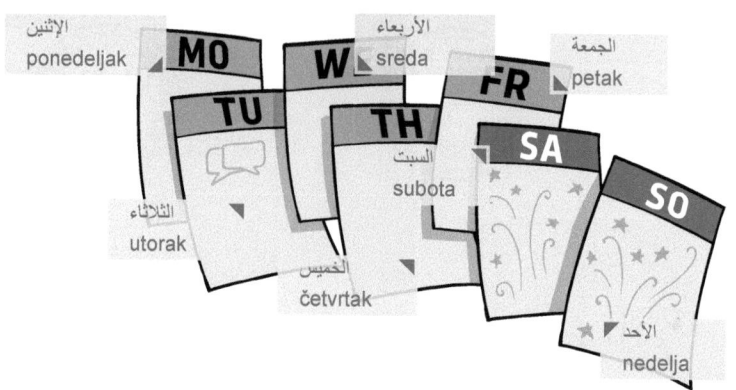

الإثنين
ponedeljak

الأربعاء
sreda

الجمعة
petak

الثلاثاء
utorak

الخميس
četvrtak

السبت
subota

الأحد
nedelja

الأمس
juče

اليوم
danas

غداً
sutra

الصباح
jutro

الظهر
podne

المساء
veče

MO	TU	WE	TH	FR	SA	SU
1	2	3	4	5	6	7
8	9	10	11	12	13	14
15	16	17	18	19	20	21
22	23	24	25	26	27	28
29	30	31	1	2	3	4

أيام العمل
radni dani

MO	TU	WE	TH	FR	SA	SU
1	2	3	4	5	6	7
8	9	10	11	12	13	14
15	16	17	18	19	20	21
22	23	24	25	26	27	28
29	30	31	1	2	3	4

نهاية الأسبوع
vikend

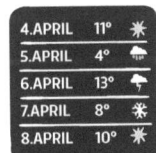

سنة

godina

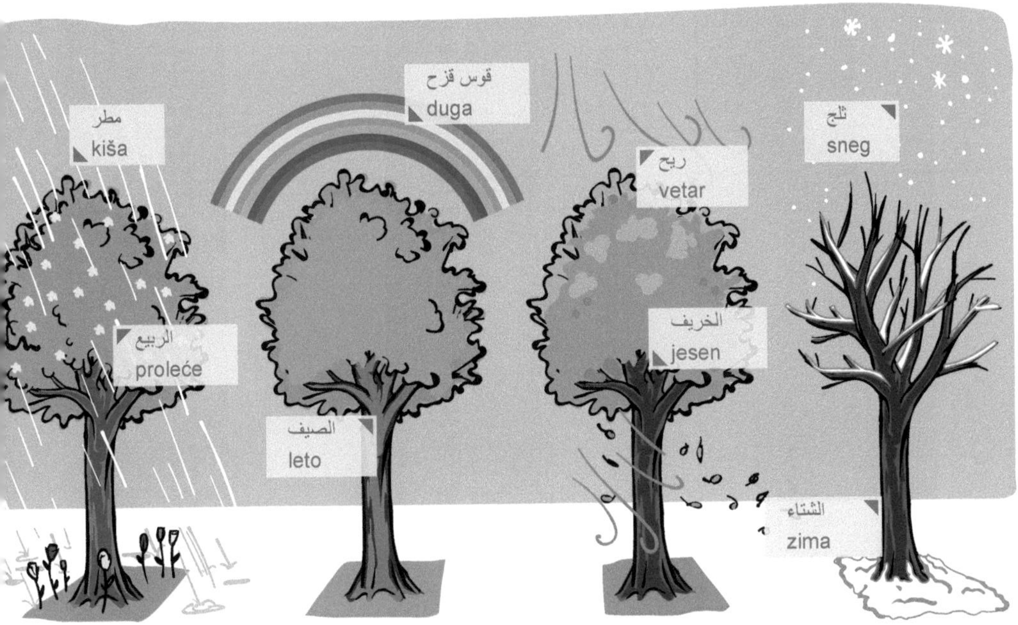

مطر
kiša
قوس قزح
duga
ثلج
sneg
ريح
vetar
الربيع
proleće
الخريف
jesen
الصيف
leto
الشتاء
zima

4.APRIL 11°
5.APRIL 4°
6.APRIL 13°
7.APRIL 8°
8.APRIL 10°

التنبؤ بالحالة الجوية

....

meteorološka prognoza

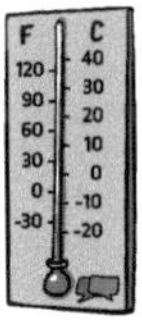

F C
120 90 60 30 0 -30
40 30 20 10 0 -10 -20

مقياس حرارة

....

termometar

ضوء الشمس

....

sunčana svetlost

سحابة

....

oblak

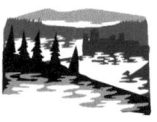

ضباب

....

magla

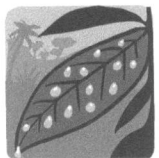

رطوبة الجو

....

vlažnost vazduha

برق

munja

رعد

grmljavina

عاصفة

oluja

بَرَد

tuča

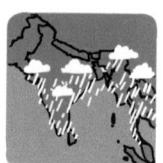

ريح موسمية

monsun

طوفان

poplava

جليد

led

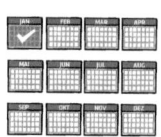

كانون الثاني / يناير

januar

شباط / فبراير

februar

آذار / مارس

mart

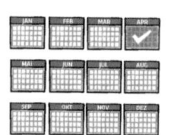

نيسان / أبريل

april

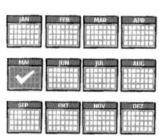

أيار / مايو

maj

حزيران / يونيو

juni

تموز / يوليو

juli

آب / أغسطس

avgust

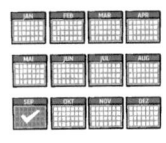

أيلول / سبتمبر

septembar

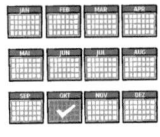

تشرين الأول / أكتوبر

oktobar

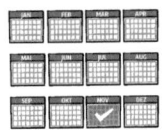

تشرين الثاني / نوفمبر

novembar

كانون الأول / ديسمبر

decembar

أشكال

oblici

دائرة

krug

مربّع

kvadrat

مستطيل

pravougao

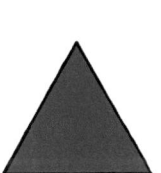

مثلث

trougao

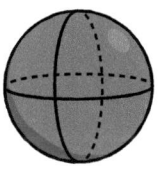

كرة

kugla

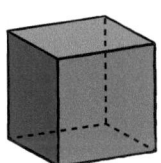

مكعب

kocka

أبيض

bela

أصفر

žuta

برتقالي

narandžasta

وردي

ružičasta

أحمر

crvena

بنفسجي

ljubičasta

أزرق

plava

أخضر

zelena

بني

smeđa

رمادي

siva

أسود

crna

كثير / قليل

mnogo / malo

غضبان / هادئ

ljutito / mirno

جميل / قبيح

lepo / ružno

بداية / نهاية

početak / kraj

كبير / صغير

veliko / maleno

فاتح / قاتم

svetlo / tamno

أخ / أخت

brat / sestra

نظيف / وسخ

čisto / prljavo

كامل / ناقص

potpuno / nepotpuno

نهار / ليل

dan / noć

ميت / حيّ

mrtvo / živo

عريض / ضيق

široko / usko

صالح للأكل / غير صالح

jestivo / nejestivo

شرّير / لطيف

zlo / dobro

مثير / ممل

uzbuđeno / dosadno

سمين / نحيف

debelo / mršavo

أولاً / أخيراً

na početku / na kraju

صديق / عدو

prijatelj / neprijatelj

مليء / فارغ

puno / prazno

صلب / لَين

tvrdo / mekano

ثقيل / خفيف

teško / lagano

جوع / عطش

glad / žeđ

مريض / صحيح

bolesno / zdravo

غير شرعي / شرعي

ilegalno / legalno

ذكي / غبي

pametno / glupo

يسار / يمين

levo / desno

قريب / بعيد

blizu / daleko

جديد / مستعمل

novo / polovno

لا شيء / بعض الشيء

ništa / nešto

مسن / شاب

staro / mlado

يشعل / يطفئ

uključeno / isključeno

مفتوح / مغلق

otvoreno / zatvoreno

خافت / عالٍ

tiho / glasno

غني / فقير

bogato / siromašno

صح / خطأ

tačno / pogrešno

أحرش / املس

hrapavo / glatko

حزين / سعيد

tužno / sretno

قصير / طويل

kratko / dugo

بطيء / سريع

polako / brzo

مبلول / جاف

mokro / suho

ساخن / بارد

toplo / hladno

حرب / سلم

rat / mir

0

صفر

nula

1

واحد

jedan

2

اثنان

dva

3

ثلاثة

tri

4

أربعة

četiri

5

خمسة

pet

6

ستة

šest

7

سبعة

sedam

8

ثمانية

osam

9

تسعة

devet

10

عشرة

deset

11

أحد عشر

jedanaest

12

اثنا عشر

dvanaest

13

ثلاثة عشر

trinaest

14

أربعة عشر

četrnaest

15

خمسة عشر

petnaest

16

ستة عشر

šestnaest

17

سبعة عشر

sedamnaest

18

ثمانية عشر

osamnaest

19

تسعة عشر

devetnaest

20

عشرون

dvadeset

100

مائة

stotinu

1.000

ألف

hiljadu

1.000.000

مليون

milion

الإنكليزية

engleski

الإنكليزية الأمريكية

američki engleski

لغة ماندارين الصينية

mandarinski kineski

الهندية

hindski

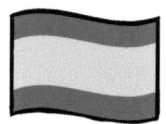

الإسبانية

španski

الفرنسية

francuski

العربية

arapski

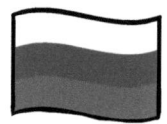

الروسية

ruski

البرتغالية

portugalski

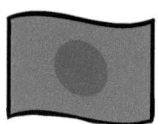

البنغالية

bengalski

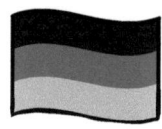

الألمانية

nemački

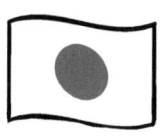

اليابانية

japanski

أنا
....
ja

أنت
....
ti

هو / هي
....
on / ona / ono

نحن
....
mi

أنتم
....
vi

هم
....
oni

من؟
....
Ko?

ماذا؟
....
Šta?

كيف؟
....
Kako?

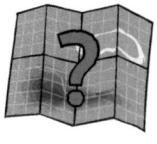

أين؟
....
Gde?

متى؟
....
Kada?

اسم
....
ime

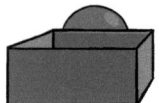

خلف

iza

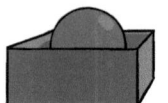

في

u

أمام

ispred

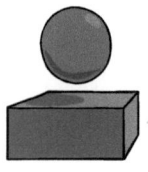

فوق

preko

على

na

تحت

ispod

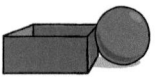

جنب

pored

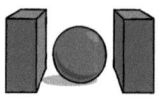

بين

između

مكان

mesto